Geschichten wie Brunnen in der Wüste

Willi Hoffsümmer (Hg.)

Geschichten wie Brunnen in der Wüste

Grünewald

All denen, aus deren Brunnen wir

schon empfangen durften

Der Matthias-Grünewald-Verlag ist Mitglied
der Verlagsgruppe engagement

Geschichten wie Brunnen in der Wüste / Willi Hoffsümmer
(Hg.). – Mainz : Grünewald, 1995
ISBN 3-7867-1855-5
NE: Hoffsümmer, Willi [Hrsg.]

Umschlagfoto: Werner H. Müller, Stuttgart
Druck und Bindung: Kösel, Kempten
ISBN 3-7867-1855-5

Inhalt

Aus der Wüste

In einer Versammlung der Gemeinde saßen Männer, die niemand kannte. Auf die Frage des Vorstehers nach dem ›Woher‹ antworteten sie: »Wir kommen aus der Wüste ...«
Und der Vorsteher antwortete: »Wenn ihr aus der Wüste kommt, dürft ihr sprechen!«

Die Erfahrung der Stille

Zu einem einsamen Mönch kamen eines Tages Menschen.
Sie fragten ihn: »Was für einen Sinn siehst du in deinem Leben der Stille?«
Der Mönch war eben beschäftigt mit dem Schöpfen von Wasser aus einer tiefen Zisterne. Er sprach zu seinen Besuchern: »Schaut in die Zisterne! Was seht ihr?«
Die Leute blickten in die tiefe Zisterne.
»Wir sehen nichts.«
Nach einer kurzen Weile forderte der Einsiedler die Leute wieder auf:
»Schaut in die Zisterne! Was seht ihr?«
Die Leute blickten wieder hinunter. »Ja, jetzt sehen wir uns selber!«
Der Mönch sprach:
»Schaut, als ich vorhin Wasser schöpfte, war das Wasser unruhig. Jetzt ist das Wasser ruhig.
Das ist die Erfahrung der Stille: Man sieht sich selber!«

Der Fischer am Strand

Ein Fischer sitzt am Strand und blickt auf das Meer, nachdem er die Ernte seiner mühseligen Arbeit auf den Markt gebracht hat.
Warum er nicht einen Kredit aufnehme, fragt ihn ein Tourist. Dann könne er einen Motor kaufen und das Doppelte fangen. Das brächte ihm Geld für einen Kutter und einen zweiten Mann ein. Zweimal täglich auf Fang hieße das Vierfache verdienen! Warum er eigentlich herumtrödele? Auch ein dritter Kutter wäre zu beschaffen; das Meer könnte viel besser ausgenutzt werden, ein Stand auf dem Markt, Angestellte, ein Fischrestaurant, eine Konservenfabrik – dem Touristen leuchten die Augen.
»Und dann?« unterbricht ihn der Fischer.
»Dann brauchen Sie gar nichts mehr zu tun. Dann können Sie den ganzen Tag hier sitzen und glücklich auf Ihr Meer hinausblicken!« –
»Aber das tue ich doch jetzt schon«, sagt darauf der Fischer.

Sich Zeit lassen

»Guten Tag«, sagte der kleine Prinz. »Guten Tag«, sagte der Händler. Er handelte mit höchst wirksamen, durststillenden Pillen. Man schluckt jede Woche eine und spürt überhaupt kein Bedürfnis mehr zu trinken.

»Warum verkaufst du das?« sagte der kleine Prinz.

»Das ist eine große Zeitersparnis«, sagte der Händler. »Die Sachverständigen haben Berechnungen angestellt. Man erspart dreiundfünfzig Minuten in der Woche.«

»Und was macht man mit den dreiundfünfzig Minuten?«

»Man macht damit, was man will ...«

»Wenn ich dreiundfünfzig Minuten übrig hätte«, sagte der kleine Prinz, »würde ich ganz gemächlich zu einem Brunnen laufen...«

Vertrauen haben

Ein Fluß wollte durch die Wüste zum Meer. Aber als er den unermeßlichen Sand sah, wurde ihm angst, und er klagte: »Die Wüste wird mich austrocknen, und der heiße Atem der Sonne wird mich vernichten, oder ich werde zum stinkenden Sumpf.«
Da hörte er eine Stimme, die sagte: »Vertraue dich der Wüste an.«
Aber der Fluß entgegnete: »Bin ich dann noch ich selber? Verliere ich nicht meine Identität?«
Die Stimme aber antwortete: »Auf keinen Fall kannst du bleiben, was du bist.«
So vertraute sich der Fluß der Wüste an. Wolken sogen ihn auf und trugen ihn über die heißen Sandflächen. Als Regen wurde er am anderen Ende der Wüste wieder abgesetzt. Und aus den Wolken floß ein Fluß, schöner und frischer als zuvor.
Und der Fluß freute sich und sagte: »Jetzt bin ich wirklich ich.«

Offen sein zum Verwandeln

Es war einmal eine kleine Pfütze. Sie war von fröhlicher Gesinnung und fürchtete sich nur vor der Sonne. Wir freundeten uns trotz unserer Verschiedenheit ein wenig an.

»Grüß Gott«, sagte sie zu mir, und ich konnte nicht umhin, das als ungewöhnlich zu empfinden. Bereit, sofort meiner Wege zu gehen, falls sie mich nur hatte narren wollen, fragte ich, wie ausgerechnet sie darauf käme. Statt einer Antwort nahm die kleine Pfütze alle Kraft zusammen und spiegelte mir die ganze Welt des Himmels.

Wir führten lange Gespräche über ihren Vater, den Regen, und auch darüber, daß sie sich vor der Sonne fürchtete.

Vielleicht ist es mir gelungen, ihr diese Furcht zu nehmen. Sie wurde sehr nachdenklich, als ich ihr von der Weite des Meeres erzählte, vom Spiel seiner Fische und der glitzernden Freude in den Wellenfalten seines alten Angesichts. Ich erzählte auch, daß das Meer die Heimat und Geborgenheit aller Pfützen der Welt sei und daß alles Leben des Meeres und der Erde aus der Sonne käme, auch das Leben der Pfützen.

Als der Abend aus dem Osten herbeieilte, als hätte er irgendein Rendezvous verschwitzt, stolperte er fast über die kleine Pfütze und mich. Wir waren so versunken in unser wortloses Gespräch, daß wir ein Teil der Landschaft geworden waren, die uns innig umfangen hielt.

Als ich einige Tage später wieder vorbeikam an der Wohnmulde meiner nassen Freundin, las ich ihre Nachricht in der tanzenden Sonnenluft:

»Du hast meine Sehnsucht geweckt. Als die Sonne mich umarmte in all der neuentdeckten Zärtlichkeit, konnte ich nicht widerstehen und tanzte mit ihr empor zu den Pfaden der Wildgänse, die mir den Weg zeigen werden zum Meer. Komm bald! Und vergiß nicht … Grüß Gott.«

Noch staunen können

Der Leiter hatte einige Stammesführer der Wüstenbewohner zu einem kräftigen Wasserfall gebracht. Dumpf rauschend fiel er herab. Sie hatten sofort von dem Wasser gekostet. Es war süß.
Sie standen stumm und starrten auf diese Wasserfülle. Wasser, das in der Wüste sein Gewicht in Gold wert ist. Es war ihnen, als drohten die Wasservorräte der ganzen Welt aus einem lecken Speicher auszulaufen.
Schließlich sagte der Leiter der Gruppe: »Gehen wir weiter!« Sie aber rührten sich nicht von der Stelle und baten nur: »Noch einen Augenblick!« Weiter sprach keiner ein Wort. Stumm und ernst schauten sie: Hier lief aus dem Bauch des Berges so viel heiliger Lebensstoff, daß er ganze verschmachtende Karawanen zum Leben erwecken konnte.
Hier zeigte sich Gott für sie sichtbar. Hier konnte man nicht gleich einfach weitergehen.
Der Führer mahnte wieder: »Weiter ist hier nichts zu sehen. Kommt!«
Sie antworteten:
»Nein. Wir müssen warten!«
»Worauf denn?«
»Bis es aufhört!«

Beduinen um einen Baum

der französische dichter und pilot
saint-exupéry
mußte im letzten krieg
eine gruppe beduinen
evakuieren
mit seinem flugzeug
aus der steppe
heraus in den senegal fliegen
als die beduinen dort landeten
und ausstiegen
sahen sie zum erstenmal in ihrem leben
einen BAUM
was taten die beduinen
sie scharten sich um den baum
gaben sich die hand
und tanzten um den baum
und weinten vor freude
vor ergriffenheit
weinten vor …
wer weiß was
ein BAUM
ein wesen das seine arme
gierig ausstreckt
zum licht
ein baum
das nahm ihnen den atem
das nahm ihnen die worte
sie weinten
sie tanzten
tanzten und weinten
nie hatten sie
einen BAUM gesehen
der BAUM
der TRAUM
ihres lebens

Dem hohen Besucher eines Dorfes im afrikanischen Sahel-Gürtel wird vom Ältesten das wertvollste Geschenk überreicht, das die Dorfgemeinschaft zu vergeben hat. Er erhält eine Konservendose, randgefüllt mit Wasser.
Alle haben dazu aus ihren Vorratskrügen beigetragen. Wenn dann der Gast das Getränk an die Lippen setzt, verfolgen ringsum große Augen das seltene Erlebnis: So viel Wasser für einen einzelnen Menschen!

Wasser lehrt das rechte Leben

Einen Weisen im alten China fragten einmal seine Schüler: »Du stehst nun schon so lange vor diesem Fluß und schaust ins Wasser. Was siehst du denn da?«

Der Weise gab keine Antwort. Er wandte den Blick nicht ab von dem unablässig strömenden Wasser. Endlich sprach er:

»Das Wasser lehrt uns, wie wir leben sollen:

Wohin es fließt, bringt es Leben und teilt sich aus an alle, die seiner bedürfen. Es ist gütig und freigebig.

Die Unebenheiten des Geländes versteht es auszugleichen. Es ist gerecht.

Ohne zu zögern in seinem Lauf stürzt es sich über Steilwände in die Tiefe. Es ist mutig.

Seine Oberfläche ist glatt und ebenmäßig, aber es kann verborgene Tiefen bilden. Es ist weise.

Felsen, die ihm im Lauf entgegenstehen, umfließt es. Es ist verträglich.

Aber seine sanfte Kraft ist Tag und Nacht am Werk, das Hindernis zu beseitigen. Es ist ausdauernd.

Wie viele Windungen es auch auf sich nehmen muß, niemals verliert es die Richtung zu seinem ewigen Ziel, dem Meer, aus dem Auge. Es ist zielbewußt.

Und sooft es auch verunreinigt wird, bemüht es sich doch unablässig, wieder rein zu werden. Es hat die Kraft, sich immer wieder zu erneuern.

Das alles«, sagte der Weise, »ist es, warum ich auf das Wasser schaue. Es lehrt mich das rechte Leben.«

Ein wenig Leben spenden

Einmal herrschte eine große Trockenheit in einem Gebiet südlich der Sahara. Das Steppengras kümmerte dahin, die Tiere fanden kein Wasser mehr, die Wüste war ständig im Vormarsch. Selbst dicke Bäume und an Dürre gewohnte Sträucher sahen ihrem Ende entgegen. Brunnen und Flüsse waren längst versiegt.

Nur eine einzige Blume überlebte die Trockenheit. Sie wuchs nahe einer winzigen Quelle. Doch auch die Quelle war dem Verzweifeln nahe: »Wozu mühe ich mich wegen dieser einzigen Blume, wo doch ringsum schon alles dürr ist?«

Da beugte sich ein alter Baum über die kleine Quelle und sagte, ehe er selbst starb: »Liebe, kleine Quelle, niemand erwartet von dir, daß du die ganze Wüste zum Grünen bringst. Deine Aufgabe ist es, einer einzigen Blume Leben zu spenden, mehr nicht.«

Ein älterer Mann in Frankreich. Seine Frau ist gestorben, dann auch noch sein einziger Sohn. Wofür soll er jetzt noch leben?
Er läßt seinen Bauernhof in einer fruchtbaren Ebene zurück. Nur fünfzig Schafe nimmt er mit. Er zieht in eine trostlose Gegend, in die Cevennen, fast eine Wüstenlandschaft. Dort kann er vielleicht vergessen. Weit verstreut liegen fünf Dörfer mit zerfallenen Häusern. Die Menschen streiten sich; viele ziehen fort. Da erkennt dieser ältere Mann: diese Landschaft wird ganz absterben, wenn hier keine – Bäume wachsen!
Immer wieder besorgt er sich einen Sack mit Eicheln. Die kleinen sortiert er aus, auch die mit Rissen wirft er fort. Die guten kräftigen Eicheln legt er in einen Eimer mit Wasser, damit sie sich richtig vollsaugen. Er nimmt noch einen Eisenstab mit, dann zieht er los. Hier und dort stößt er den Eisenstab in die Erde, legt eine Eichel hinein. –
Nach drei Jahren hat er auf diese Weise hunderttausend Eicheln gesetzt. Er hofft, daß zehntausend treiben. Und er hofft, daß Gott ihm noch ein paar Jahre schenkt, so weitermachen zu können. Als er im Jahre 1947 im Alter von 89 Jahren stirbt, hat er einen der schönsten Wälder Frankreichs geschaffen. Da gibt es je einen Eichenwald von elf Kilometern Länge und drei Kilometern Breite an drei verschiedenen Stellen!
Und was sonst noch geschehen ist? Die unzähligen Wurzeln halten jetzt den Regen fest, saugen Wasser an. In den Bächen fließt wieder Wasser. Es können wieder Weiden, Wiesen, Blumen wachsen. Die Vögel kommen zurück. Selbst in den Dörfern verändert sich alles: die Häuser werden wieder aufgebaut, angestrichen. Alle haben wieder Lust am Leben, freuen sich, feiern Feste. Keiner weiß, wem sie das zu verdanken haben, wer die Luft, die ganze Atmosphäre geändert hat.

Vom Krug, der immer wertvoller wurde

Vor langen, langen Jahren war einmal eine große Trockenheit auf Erden: alle Flüsse, Bäche und Brunnen waren versiegt, alle Bäume, Sträucher und Gräser vertrocknet, und Menschen und Tiere kamen vor Durst um. Da ging eines Nachts ein kleines Mädchen mit einem Krug in der Hand von daheim fort, um Wasser für die kranke Mutter zu suchen. Das Mädchen fand nirgends Wasser und legte sich vor Müdigkeit im Feld auf das Gras und schlief ein.

Als es erwachte und nach dem Krug griff, hätte es beinahe das Wasser verschüttet. Er war nämlich voll frischen, klaren Wassers. Das Mädchen freute sich und wollte trinken, aber da fiel ihm ein, daß es dann für die Mutter nicht reichen würde, und es lief mit dem Krug nach Hause. Es hatte es damit so eilig, daß es gar nicht ein Hündchen vor seinen Füßen bemerkte, stolperte und den Krug fallen ließ. Das Hündchen winselte kläglich. Das Mädchen langte nach dem Krug.

Es dachte, nun habe es das Wasser verschüttet. Aber nein! Der Krug stand aufrecht auf dem Boden, und nicht ein Tropfen fehlte. Da goß sich das Mädchen ein wenig Wasser in die hohle Hand, und das Hündchen leckte es auf und wurde wieder ganz lustig. Das Mädchen langte wieder nach dem Krug, aber siehe: da war er nicht mehr aus Holz, sondern aus Silber. Das Mädchen lief mit dem Krug nach Hause und gab ihn der Mutter. Die Mutter sprach: »Ich muß ohnedies sterben, trink du lieber das Wasser!« und gab den Krug dem Mädchen. Im selben Augenblick aber verwandelte sich der silberne Krug in einen goldenen.

Da konnte das Mädchen nicht länger widerstehen und wollte den Krug gerade an seine Lippen setzen, als ein Wanderer ins Zimmer trat und um einen Schluck Wasser bat. Das Mädchen schluckte den Speichel hinunter und reichte dem Wanderer den Krug. Und da: Plötzlich erschienen auf dem Krug sieben riesengroße Diamanten, und aus jedem floß ein großer Strahl frischen, klaren Wassers.

Der alte Brunnen

In der Nähe eines alten Bauernhauses lag ein alter Brunnen. Sein Wasser war ungewöhnlich kalt und rein und köstlich zu trinken. Aber das Besondere war: er trocknete nie aus. Selbst bei der größten sommerlichen Dürre, wenn schon überall das kostbare Naß rationiert wurde, gab er getreu sein kühles, klares Wasser.
Dann kam die Zeit, in der alles modernisiert wurde. Das Haus wurde umgebaut; es wurde auch eine Wasserleitung gelegt. Den alten Brunnen brauchte man nicht mehr. Er wurde verschlossen und versiegelt. So blieb es mehrere Jahre.
Eines Tages wollte ein Hausbewohner aus Neugierde noch einmal in die dunkle und feuchte Tiefe des Brunnens sehen. Er deckte den Brunnen ab und wunderte sich: Der Brunnen war total ausgetrocknet.
Der Mann wollte herausbekommen, wie das geschehen konnte. Aber es dauerte lange, bis er den Grund wußte: Ein solcher Brunnen wird von Hunderten winziger Bäche gespeist, die unter der Erde für den ständigen Wasservorrat sorgen. Die winzigen Öffnungen der vielen Bächlein bleiben nur dann rein und offen, wenn immer wieder Wasser abgeschöpft wird. Wird ein solcher Brunnen aber nicht mehr benutzt, dann versiegen die Bäche.

Der gute Mensch

Mitten in der Wüste befand sich ein Brunnen. Auf seinem Rand stand ein Eimer, der an einem Seil befestigt war. Neben dem Brunnen wohnten in einer Hütte ein alter Mann und sein Enkel. Alle, die hier vorüberkamen, stärkten sich mit frischem Brunnenwasser.
Eines Tages jedoch riß der Eimer vom Seil ab und stürzte in die Tiefe. Der alte Mann konnte nun kein Wasser mehr heraufholen.
Am nächsten Morgen kam ein Bauer mit seinem Pferdewagen. Unter dem Stroh hatte er einen Eimer liegen. Der Bauer schaute in den Brunnen, sah auf den Großvater und den Enkel – und fuhr eilig davon.
»Was war das für ein Mensch?« fragte der Enkel.
»Das war ein schlechter Mensch«, antwortete der Großvater.
Zu Mittag kam wieder ein Reisender. Er holte einen Eimer von seinem Wagen und band ihn an das Seil. Nachdem er getrunken hatte, gab er auch dem Großvater und dem Enkel Wasser. Den Rest goß er in den Sand, legte den Eimer wieder auf den Wagen und fuhr weiter.
»Was war das für ein Mensch?« fragte der Enkel.
»Auch das war kein guter Mensch«, sagte der Großvater.
Am Abend hielt ein dritter Reisender an der Hütte. Er holte einen Eimer vom Wagen, band ihn an das Seil und schöpfte Wasser. Als er getrunken hatte, bedankte er sich und fuhr weiter. Den Eimer aber ließ er am Brunnen.
»Und was war das für ein Mensch?« fragte der Enkel wieder.
»Das war ein guter Mensch, hilfreich und selbstlos«, sagte der Großvater.

Der goldene Fisch

In einem schönen, von Gott erschaffenen Garten lebten einmal ein Mann und eine Frau. Gott hatte ihnen die Pflege der Pflanzen und Bäume anvertraut, die Sorge um die Fische, die Vögel und die Landtiere. Dafür schenkte der Garten dem Mann und der Frau alles, was sie zum Leben brauchten, Nahrung und frisches Wasser, den Tag und die Nacht, den Lauf der Sonne, den Wechsel des Mondes, den Stand der Sterne, die Jahreszeiten: den Frühling, den Sommer, den Herbst und den Winter.

Eines Tages entdeckten der Mann und die Frau in einem Fluß einen Fisch. Er besaß goldene Schuppen. Aber als sie ihn fangen wollten, entwischte er ihren Händen und schwamm davon.

Der goldene Fisch ließ dem Mann und der Frau keine Ruhe mehr. Sie fingen an, ihn zu suchen, und ihre Wege trennten sich. Der Mann ging dem rechten, die Frau dem linken Ufer entlang. Beide hofften, dem anderen mit dem Fang zuvorzukommen.

Der Wunsch, den goldenen Fisch zu besitzen, beherrschte alle ihre Gedanken. So kam es, daß sie den ihnen anvertrauten Garten mehr und mehr vergaßen, die Pflege der Pflanzen und Bäume, die Sorge um die Fische, die Vögel und die Landtiere.

Die großen Pflanzen zerstörten die kleinen, und die starken Tiere töteten die schwachen. Von den vielerlei Arten der Pflanzen und Bäume, der Fische, der Vögel und der Landtiere verschwanden immer mehr.

Und eines Morgens, als der Mann und die Frau erwachten, war der Garten verödet und der Fluß ohne Wasser. Erschrocken machten sie sich auf, um nach seiner Quelle zu suchen. Dort trafen sie sich nach vielen Tagen und Nächten. Die Quelle war ausgetrocknet, und auf ihrem Grund lag der goldene Fisch. Er war tot.

Da schauten sich der Mann und die Frau in die Augen und weinten zum erstenmal. Sie wußten, daß sie den ihnen anvertrauten Garten für immer verloren hatten.

Auch Gott trauerte um seinen Garten. Aber als er sah, wie der Mann und die Frau niederknieten, um mit ihren Händen nach einer Quelle zu graben, hatte er Erbarmen. Und weil er wußte, daß sie es allein nicht schaffen würden, einen neuen Garten zu bauen, schenkte er ihnen Kinder und den Kindern dieser Kinder die Verantwortung.

Dürsten nach Gott

Wie kann man einen Esel, der keinen Durst hat, trotzdem zum Trinken bewegen? Und wie kann man – bei allem Respekt – einen Menschen dazu bringen, nach Gott zu dürsten, wenn er diesen Durst verloren hat und er sich mit Bier und Schnaps, Fernsehen und Autofahren zufrieden gibt?
Soll man es mit dem Stock versuchen? Ein Esel ist aus härterem Holz als unser Stock. Außerdem, wer wird heutzutage zu einer solch autoritären Maßnahme greifen?
Soll man ihm Salz zu schlucken geben? Das wäre Tierquälerei. Wie ihn dann dazu bewegen, freiwillig zu trinken? Es scheint nur eine Lösung zu geben: man muß einen durstigen Esel herbeischaffen, der ausgiebig, mit großem Genuß und Behagen an der Seite seines Artgenossen aus dem Eimer trinkt. Aber ohne jedes Theater, einfach weil er Durst hat, einen großen, unstillbaren Durst! Das wird seinen Kollegen nicht unbeeindruckt lassen. Die Lust wird ihn ankommen, sich zum Eimer zu neigen und in tiefem Zug das erfrischende Wasser zu schlürfen. –
Menschen, die Hunger und Durst nach Gott haben, sind für ihre Mitmenschen eine bessere Predigt als viele erbauliche Reden.

Der Blick ins Freie

In der berühmten Schlucht des Berner Oberlandes, mitten im Durcheinander der Felsen und im Lärm des herabfallenden Wassers, trifft der Blick des Wanderers auf einen roten Pfeil, der am Rande des Weges am Felsen befestigt ist. Wenn man sich tief bückt und in die Richtung des Pfeiles schaut, dann sieht man durch einen engen Schacht – eingerahmt von dunklem Gestein und schäumendem Wasser – ein herrliches Stück vertrauter Landschaft. Ringsherum ist der Horizont geschlossen. Es ist, als wäre der Mensch rettungslos im Chaos verloren. Und plötzlich entdeckt er das Zeichen, dieses rote Mal, er bückt sich und sieht die Öffnung.
Das ist die große Entdeckung des Glaubens, der Durchblick ins Freie.

Suche nach Gott

Als vor Zeiten der erste bebende Laut über meine Lippen drang, erklomm ich den heiligen Berg und sprach zu Gott. Und ich sagte: »Herr, ich bin dein Diener. Dein geheimer Wille ist mein Gesetz, und ich folge dir immerdar.«
Aber Gott antwortete nicht. Er entschwand einem mächtigen Sturme gleich. Und nach tausend Jahren erklomm ich den heiligen Berg, und wieder sprach ich zu Gott. Und ich sagte: »Schöpfer, ich bin dein Geschöpf. Aus Ton hast du mich geformt, und was ich bin und habe, schulde ich dir.«
Aber Gott antwortete nicht. Er entschwand tausend eiligen Flügeln gleich. Und nach tausend Jahren erklomm ich den heiligen Berg, und wieder sprach ich zu Gott. Und ich sagte: »Vater, ich bin dein Sohn. Aus Liebe und Erbarmen hast du mich gezeugt, und in Liebe und Ehrerbietung will ich dein Königreich erben.« Aber Gott antwortete nicht. Er verschwand wie Dunst in der Ferne.
Und nach tausend Jahren erklomm ich den heiligen Berg, und wieder sprach ich zu Gott. Und ich sagte: »Mein Gott, mein Ziel und meine Erfüllung. Ich bin dein Gestern, und du bist mein Morgen. Ich bin deine Wurzel in der Erde, du bist meine Blüte am Firmament, und gemeinsam wachsen wir vor dem Antlitz der Sonne.« Da neigte sich Gott hernieder und flüsterte süße Worte in mein Ohr. Und wie der See das Bächlein umfängt, das in ihn mündet, so umfing er mich. Und als ich in die Weiten und Täler hinabstieg, war Gott auch dort.

Keine Angst vor dem anderen Land

Der Hirt saß bei seiner Herde am Ufer eines großen Flusses, der am Rande der Welt fließt. Wenn er Zeit hatte, schaute er über den Fluß und spielte auf seiner Flöte. Eines Abends kam der Tod über den Fluß herüber und sagte: »Ich komme und möchte dich mitnehmen auf die andere Seite. Hast du Angst?«
»Warum Angst?« fragte der Hirt, »ich habe immer hinüber geschaut über den Fluß, seit ich hier bin. Ich weiß, wie es dort ist.«
Da legte ihm der Tod die Hand auf die Schulter, und der Hirt stand auf und fuhr mit ihm über den Fluß, als wäre nichts.
Das Land am anderen Ufer war ihm nicht fremd, und die Töne seiner Flöte, die der Wind hinübergetragen hatte, waren noch da.

Willi Hoffsümmer

Die Gnade der Wüste: Stille und frisches Wasser

Die Faszination eines Brunnens in der Wüste hat schon viele angerührt. So meint der französische Dichter und Pilot Antoine de Saint-Exupéry: »Es macht die Wüste so schön, daß sie irgendwo einen Brunnen hat!« Oder der niederländische Ordenspriester und Menschenfreund Phil Bosmans stellt fest: »In der Wüste bist du nicht verloren, wenn du glauben kannst an die Oase.« Und das Gebet der Hirten in der Camargue lautet: »Herr, schenke mir die Gnade der Wüste: Stille, Brot, frisches Wasser und Hoffnung.«
Manchmal lesen und hören wir von Menschen, die alles hinter sich lassen – oft nur für Tage oder Wochen –, um wieder sich selbst zu finden. In der Hektik und dem Lärm unserer Tage spüren wir auch für uns selbst: Nähmen wir uns doch mehr Zeit für die Stille und das Schweigen! Diese Erfahrungen der »Wüste« (S. 6) sind wichtig; sie machen uns leer und wecken in uns die Sehnsucht nach einem Brunnen oder einer »Oase« – das Titelbild läßt es offen. Erst in der Stille können wir mehr über uns selbst erfahren (S. 8). Der Fischer am Strand lebt eine Weisheit, die wir in vielerlei Hinsicht wieder neu finden müssen (S. 10). Sich Zeit nehmen (S. 12), Vertrauen entgegenbringen (S. 14) und Offenheit sind Voraussetzungen, ohne die eine Verwandlung (S. 16) nicht möglich ist, kein »neuer« Mensch erwachsen kann: Können wir zum Beispiel noch staunen (S. 18 u. 20) oder danken (S. 22)? Erst dann sind wir fähig, die Sprache des Wassers zu verstehen und den Weg zum erfüllten Leben zu erkennen (S. 24):

Der Sinn des Lebens liegt nicht darin, die ganze Welt zu retten, sondern an *der* Stelle Leben zu spenden, an der wir stehen (S. 26). Der alte Mann in Frankreich (S. 28), dessen Leben gescheitert schien, hat das eindrucksvoll vorgelebt, wie »viele kleine Leute an vielen kleinen Orten mit vielen kleinen Schritten das Gesicht der Welt verändern können«! (Lebensweisheit aus Afrika).

Der Krug mit dem kostbaren Wasser wird deshalb wertvoller, weil das Kind zum Teilen bereit ist (S. 30). Dieses Teilen und Schenken, dieses Vertrauen und Lieben, ist tägliche Aufgabe – sonst versiegt der »innere Brunnen« (S. 32). Was die Selbstlosigkeit möglich macht, zeigt das Verhalten des »guten« Menschen am Brunnen (S. 34). Ein Gegenbeispiel ist das Gleichnis vom goldenen Fisch (S. 36); es zeigt auf, wohin die Habgier den Menschen bringt, der dabei ist, die Welt zu zerstören …

Es gibt noch eine andere Ebene, die Heilung braucht, wenn unsere Seele die innere Ruhe finden will oder der innere Durst gelöscht werden soll. Eigentlich kann unsere Welt nur gerettet werden, wenn wir wieder das Heilige »über uns« entdecken, denn dann haben wir auch Gespür dafür, das Heilige »neben uns« und »unter uns« nicht zu zertreten. Auch dieser Weg ist sehr lang: Mit der Sehnsucht fängt es an (S. 38). Die Entdeckung des Glaubens gibt dann den »Durchblick ins Freie« (S. 40). Unruhig ist unser Herz, bis es ruht in *Ihm,* der überall für uns da ist (S. 42): Dann haben wir auch keine Angst mehr vor dem »anderen Land« (S. 44); wir wechseln lediglich ans andere Ufer des Flusses, wo das »Paradies« offensteht, das Ströme »lebendigen Wassers« erfüllt (Gen 2,10; Offb 22, 1.2). Hier brauchen wir die Brunnen in der Wüste nicht mehr.

Quellenhinweis

Abbildungen: Werner H. Müller (7); Walter Schwab (9, 25, 39); Studio Gerd Weissing (11, 29, 37, 41, 43, 45); Peter Friebe (13, 17, 31); Udo Zollikofer (15); Peter Klever (19, 33); Melters/present (21); Stark/present (23); Liedke/present (27); Willi Hoffsümmer (35).

Texte: Aus der Wüste (6), aus: Hermann Kirchhoff, Ursymbole, Kösel-Verlag, München 1982, S. 59; Der Fischer am Strand (10), gekürzt nach Heinrich Böll, Anekdote zur Senkung der Arbeitsmoral; Sich Zeit lassen (12 und Umschlag), aus: Antoine de Saint-Exupéry, Der Kleine Prinz, Karl Rauch Verlag, Düsseldorf 1966; Vertrauen haben (14), aus: Gerhard Eberts, Jugendgottesdienste. Die Heiligen der Kirche, Bd. 5, Rex Verlag, Luzern/Stuttgart 1983, S. 112; Offen sein zum Verwandeln (16), Peter Horton, aus: Kurt Schubert / Peter Horton, Über den Wassern zu singen, Rosenheimer Verlagshaus, Rosenheim 1990; Noch staunen können (18), aus: Antoine de Saint-Exupéry, Die Stadt in der Wüste (verkürzt), Karl Rauch Verlag, Düsseldorf 1966; Beduinen um einen Baum (20), aus: Wilhelm Willms, roter faden glück. lichtblicke, Verlag Butzon & Bercker, Kevelaer [5]1988, 7.15; Das wertvollste Geschenk (22), aus dem Pfarrbrief-Materialdienst »image«, Bergmoser + Höller Verlag GmbH, Aachen; Wasser lehrt das rechte Leben (24), aus: Johannes Thiele, Fantasie für die Schöpfung, Verlag Herder, Freiburg/Basel/Wien 1990, S. 95f; Ein wenig Leben spenden (26), Märchen aus Nordafrika; Der Mann mit den Bäumen (28), nach: J. Giono, Der Mann mit den Bäumen, Zürich 1972; Vom Krug, der immer wertvoller wurde (30), Leo N. Tolstoi; Der alte Brunnen (32), nach: John A. Sanford, Alles Leben ist innerlich, Olten 1974; Der gute Mensch (34), Wassili Suchomlinski; Der goldene Fisch (36), aus: Max Bolliger, Der goldene Fisch. Zehn Märchen, Bohem Press, Zürich 1984; Dürsten nach Gott (38), Jacques Loew; Der Blick ins Freie (40), Theophil Spoerri, aus: Reinhold Ruthe, Ich habe eben noch mit Ihm gesprochen, Breklumer Verlag, Bredstedt 1974; Suche nach Gott (42), aus: Kahlil Gibran, Der Narr. Lebensweisheit in Parabeln, Walter-Verlag, Olten und Freiburg [7]1982, S. 9f; Keine Angst vor dem anderen Land (44), aus: Jörg Zink, Wie Sonne und Mond einander rufen. Gespräche und Gebete mit Kindern, Kreuz Verlag, Stuttgart 1980.

Vom gleichen Autor sind bereits die Bildbände *Geschichten wie kostbare Perlen, Geschichten wie Spiegel des Herzens, Geschichten wie Wegweiser, Geschichten wie offene Türen* und *Geschichten wie Brücken zum Leben* erschienen. Viele weitere Geschichten sind enthalten in den Bänden *Kurzgeschichten 1* bis *5*, hg. von Willi Hoffsümmer im Matthias-Grünewald-Verlag.